요리 하나가 끝나면
전쟁터로 변하는 부엌을 못 본 체하고
온전히 맛으로만 평가해 준
나의 소중한 기미상궁
김겨니와 서하루에게 이 책을 바칩니다.

난 힘들 때 숟가락을 들어

글 레이
그림 김져니
초판 1쇄 발행 2024년 5월 21일
개정판 1쇄 발행 2024년 9월 16일

펴낸곳 요호이
발행인 김재태
교정·교열 밤안개, 김져니
E-MAIL yohoi.official@gmail.com
SNS www.instagram.com/be.writeray
ISBN 979-11-988988-2-1 03810

Copyright ⓒ Ray, 2024
Illustrations ⓒ Kimjourney, 2024
All rights reserved.
본 책은 저작권법에 의해 보호를 받는 저작물이므로 무단전재와 무단복제를 금합니다.
책값은 뒤표지에 있습니다.

난 힘들 때 숟가락을 들어

글 레이 · 그림 김져니

인생은 타이밍이 아니라, 메이킹이다   8

싱싱해~ 싱싱해~   11

정성이다   14

짜증날 땐 짜장밥   16

물과 기름이 모여 만드는 하모니   19

만든 사람도, 먹는 사람도 행복하게 만드는 요리   22

우당탕탕 갈비탕   25

똥꼬츠 오이시데스네   28

열심히 일하고, 잔뜩 힘들길 잘했어   32

춘천 가는 기차는 나를 데리고 가네   34

어른이들을 위한 과자선물세트   36

있잖아, 만약에…   38

주인공보다 빛나는 조연   40

천하제일 미식 대회   42

초록초록 건강한 한 끼   44

심플 이즈 베스트   47

엄마가 그리워지는 날에는 49

비 오는 날이면 생각나는 51

누가 인생을 타이밍이라고 했나 54

디스 이즈 마이 소울푸드, 유노? 57

내 입술 따뜻한 커피처럼 60

미군이 잘 한 일은 전쟁을 도운 것만이 아니야 62

외국에 가서 살아보고 싶어졌다 64

이거 만든 사람은 상 줘야 해 67

사랑하는데 특별한 이유는 없다 69

시도하는 게 두려울 땐 부엌으로 가자 71

역마살을 잠재우는 요리 74

실패할 수 없는 행복 78

어떤 요리는 타임머신이 되기도 한다 82

뇌에도 휴식이 필요해 86

청년과 어른의 경계선에 있는 음식 88

토요일 아침의 여유 90

인생은 타이밍이 아니라, 메이킹이다.
「 귤잼 」

인생은 타이밍이라는 말, 가끔은 잔인한 것 같아 좋아하지 않는다. 피치 못할 사정으로 타이밍을 놓친 사람들이 너무 안타까우니까.

노지 감귤을 선물 받았다. 아주 맛있었다. 선물해준 지인에게 연락해 한 상자로 주문했다. 상자가 도착했을 때가 생각난다. 명품가방이 들어있는 상자라도 배송 온 양 뛰어가서 허겁지겁 포장을 뜯고 야무지게 귤을 까먹었다. 손이 샛노랗게 바뀔 때까지.

"귤 이거, 맛 갔다 갔어!"

며칠이나 지났을까, 쌓아뒀던 귤들이 금세 단맛과 탄력을 잃고 흐물흐물해졌다. 이런…

안타까운 마음에 하나씩 껍질을 까본다. 상한 부위, 썩은 부위를 도려내고 먹을 수 있는 부분들만 살려서 모았다. 온전치 못한 모습으로 바구니에 모인 녀석들이다. 안타깝다. 타이밍을 놓쳐서 제 꿈을 펼치지도 못하고 버려질 운명에 처한 친구들이여.

'맛이 갔네'라는 소리를 들어야 했던 이 친구들에게도 귀가 있다면 귀를 가려주고 싶었다. 어떻게 하면 녀석들이 "다시 맛 돌아왔네"라는 소리를 들을 수 있을까. 그래, 이 녀석들을 데리고 귤잼을 만들어야겠다! 인터넷에서 레시피를 찾아 순서대로 하나씩 하나씩 만들었다. 하나로는 온전치 못했던 귤들은 함께하니 맛있는 잼이 되어 다시 태어났다. 완전한 부활이었다. 누가 인생을 타이밍이라고 했던가. 인생은 메이킹이다. 늦었다고 생각될 때 포기하지 말고, 나만의 길을 찾아야겠다. 완성된 잼을 요거트에 넣고 휘저어 먹으며 혼자 끄덕였다.

1. 몸에는 좋은데, 호불호가 있으니 개인 취향에 따라 뜯으셔도 돼요.
2. 놀라지 마세요. 잼에는 설탕이 많이 들어갑니다. 귤과 설탕을 1:1 비율이 되도록 넣어주세요.
3. 핸드믹서로 갈아주세요.
4. 과일 알맹이가 씹히는 것이 좋다면 적당히, 씹히는 게 싫다면 오랫동안 갈아주세요. 주스처럼 보이도록
5. 이제 갈아준 귤을 냄비에 넣고, 과즙이 1/3 정도가 될 정도로 30분간 잘 끓이고 졸여주세요. (Tip. 눌러붙지 않도록 잘 저어주세요!)
6. 시럽 정도의 점성이 되면, 불을 끄고 식혀주세요.
7. 끝! 맛나게 먹어주세요.

싱싱해~ 싱싱해~
「 미나리 삼겹살 」

어떤 채소나 과일, 생선이 자주 눈에 밟히기 시작했다는 건 제철이 왔다는 소식이다. 믿어도 좋다. 제철인 녀석들은 눈과 코를 즐겁게 해준다.
오늘 집 앞 마트에 가니 '미나리' 가 빼꼼 얼굴을 내밀었다.
"제철 미나리가 왔습니다. 제철 미나리~ 싸게 사세요.
놓칠 수 없지. 제철 식재료 '미나리' 요놈! 잡았다. 미나리를 한 주먹 크게 짚어서 봉투에 담아 직원분께 가져갔다. 까랑까랑한 목소리에 캡모자를 뒤로 쓰고 핸즈프리 마이크로 방송하는 모습이 얼핏 꾸러기 같지만 누가 봐도 분명한 아저씨(?) 직원분. 내민 봉투를 말도 없이 가져가시더니 수타면 만드는 사람처럼 휘휘 돌리고 가격표를 붙이신다.
"잘 사 가는 거예요. 싱싱해~ 향 좀 맡아봐"
분명 홍보 방송을 이어가고 계셨는데, 미나리를 코앞에 쑥 내밀며 깜빡이도 없이 훅 들어오신다.
싱싱해~ 싱싱해~ 귀엽다.
정육코너에 가서 미나리를 더 돋보이게 해 줄 조연, 삼겹살까지 집어 계산대로 향한다. 1초의 시간 낭비도 없이 지갑에서

카드를 꺼내 결제하고 포인트까지 적립한다. 그렇다. 내 머릿속에는 오직 미나리 생각뿐이다. 싱싱해~ 싱싱해~
집에 오자마자 흐르는 물에 미나리를 씻어주고, 철퍼덕 고기를 불판 위로 올린다. 싱싱해~ 싱싱해~ 콧노래가 나온다.
아삭아삭 씹히면서 향을 뿜어내는 미나리도, 철판 위 기름에 코팅되어 고기, 콩나물, 김치를 이끌고 진두지휘하는 미나리도, 싱싱하다 싱싱해.
이제 온몸으로 봄을 맞을 준비가 된 기분이다. 제철에는 제철 음식을 먹어보자. 그게 무엇이든 한 입 먹고 나면 머릿속에 노래가 울릴 것이다. 싱싱해~ 싱싱해~하고!

1. 미나리를 잔뜩 사주세요.
2. 흐르는 물에 씻어서 먹기 좋은 사이즈로 잘라줍니다.
3. 이제 고기를 굽고, 김치, 콩나물, 버섯들과 함께 구워서 먹어주면 끝!

정성이다
「 양파 카레 」

정성 (精誠)
명사 : 온갖 힘을 다하려는 참되고 성실한 마음.

신기하게도 살다 보니 알게 된다. 정성 어린 마음은 돈으로 계산할 수 없다는 것을.

양파 카레를 만드는 데는 특별한 재료가 필요하지 않다. 버터, 양파, 후추, 케첩, 카레만 있으면 재료는 끝. 대신 조금 다른 재료가 필요한데, 그건 바로 음식을 먹을 사람을 향한 정성 어린 마음이다.

아무리 값비싼 식재료나 식기를 쓴다고 해도 저절로 정성을 담을 수는 없다. 시간을 들여 재료를 손질하고, 음식이 눌어붙지 않으면서 맛이 배도록 손을 움직여주는 것이 정성이다. 먹는 사람을 위한 진실되고 성실한 마음. 양파 카레는 그런 정성이 담긴 음식이다.

1. 양파 두 개를 개끗히 씻어서 얇게 채를 썰고, 버터를 넣고 중불에서 눌어붙거나 타지 않게끔 볶아주세요.
2. 오랜 시간을 볶아 하얀 양파가 갈색을 띠면 약불로 줄여주고, 케첩 두 스푼과 후추를 넣고 다시 또 볶아 줍니다.
3. 케첩과 후추가 버터에 볶아진 양파와 잘 섞인 것 같으면, 물을 붓고 고체 카레를 넣고 끓여주세요.
4. 이번에는 카레가 눌어붙거나 타지 않게끔 잘 휘저어주시고요.
5. 오랜 시간을 끓여서 양파가 흐물흐물해지면 완성! 이제 맛있게 먹으면 차례입니다. 맛있게 드세요!

짜증날 땐 짜장밥
「 짜장밥 」

축구 감독들이 하나같이 입을 모아 이야기하는 말이 있다.
"멀티플레이어*는 값을 매길 수 없다"라고.
오늘도 새로운 요리에 도전 중이다. 그런데 이 녀석 멀티 플레이어다. 어떤 재료를 넣어도, 면과 밥, 무엇과 먹어도 맛있다. 남녀노소 모두 좋아하는 멀티 플레이어 짜장밥이다.
예전에 한 개그 프로에서 '짜증 날 땐 짜장면, 우울할 땐 울면, 복잡할 때 볶음밥, 탕탕탕탕 탕수육'이라는 유행어를 밀었던 적이 있다. 어찌나 중독성이 있던지 입에 붙어서 10년이 넘은 지금까지도 쓰고 있다.
그래서일까. 희한하게도 짜장면이나 짜장밥을 먹으면 짜증이 사라지는 기분이다. 피곤함이 차곡차곡 쌓인 수요일 저녁, 좋아하는 사람들을 불러 짜장밥을 해 주어야겠다는 마음이 들었다.
집에서 가장 큰 웍을 꺼냈다. 레시피를 찾아 하나씩 따라 하면서 짜장 소스를 만들었다. 대충 완성되어갈 무렵 사람들이 하나둘 도착한다. 쿠쿠하세요~ 라며 완성됐음을 알리는 밥통에서 쌀밥을 듬뿍 꺼내 그릇에 올리고, 그 위에 만들어둔 짜장을 아낌없이 부어준다. 이것만으로는 뭔가 아쉽다. 얼른 가서 달걀을 꺼내와 계란후라이를 만들어 그 위에 올려준다. 조카도, 장인어른, 장모님도, 짜장이 입에 잔뜩 묻은 아내도 맛있게 한 그릇 뚝딱이다. 그 모습을 보고 있자니 수요일의 피로와 짜증은 어디가고, 행복이 그 자리를 대신한다.
운동장 밖, 식탁에서도 멀티플레이어는 빛난다. 기억하자. 짜증 날 땐 짜장밥이다.

*멀티플레이어: 한 가지가 아닌 여러 가지의 분야에 대한 지식과 능력을 갖추고 있는 사람

1. 익는데 오랜 시간이 걸리는 감자를 깍둑썰기해서 뜨거운 물에 끓여주세요.
2. 그동안 대파, 양파, 양배추, 고기는 썰어서 준비합니다.
3. 이제 식용유를 붓고, 얇게 썬 대파를 볶아 파 기름을 내 주세요.
4. 파향이 올라오면 춘장을 넣고 고기를 볶아주세요.
5. 고기가 노릇노릇 구워지면, 양파, 양배추를 넣고 함께 볶아주세요..
6. 춘장이 재료들과 버무려지면, 감자를 끓이며 전분이 나온 물을 붓고, 감자와 함께 자글자글 끓여주세요.
7. 만약 간짜장이 먹고 싶다면 이대로, 일반 짜장이 먹고 싶다면 물을 조금 더 부어주면 완성!
8. 달걀이 있다면, 계란후라이를 올려주면 더 그럴싸하답니다?

물과 기름이 모여 만드는 하모니
「 교자만두 」

상상을 뛰어넘는 어떤 결과물은 때때로 물과 기름처럼 절대 어울리지 않는 상극이 모여 만들어지는 것 같다.

오늘은 회사 행사가 있는 날이다. 며칠 전 미리 진행한 적성&성향 검사 결과를 바탕으로 전문가 강사분이 워크숍을 진행했다. 회사 라운지에 옹기종기 다 같이 모여 함께하니 학창 시절로 돌아간 느낌이다.

설명 중에 팀원들의 적성&성향과 팀 성과 간의 상관관계에 대한 것이 있었다. 그 내용이 꽤 흥미로웠다. 미국 기업들을 분석해보니 좋은 성과를 만드는 팀과 그렇지 못한 팀이 가진 특징이 있었다. 좋은 성과를 만드는 팀에는 서로 다른 유형의 팀원들이 섞여 있고, 반대로 그렇지 못한 팀에는 비슷한 유형의 팀원들이 모여 있었다. 검사 결과 같은 유형을 가진 사람들은 친구로서는 더할 나위 없는 사이가 되었지만, 일적으로는 서로 약점을 보완해 주지 못했다.

반면, 다른 유형을 가지거나 극단적으로 상극인 사람들은 사적으로 전혀 어울리지는 않았지만 일적으로는 상호 보완적으로 움직였다. 달라서 시너지를 낼 수 있었던 셈이다.

요리도 비슷한 점이 많다. 단맛과 짠맛이 극강의 단맛을 내는 것처럼, 어울리지 않는 것을 섞었을 때 충격적인 맛이 나온다. 나는 교자 만두를 만들면서 직접 경험했다. 한 평생 만두의 카테고리를 기름에 튀기는 군만두, 물에 익히는 물만두, 찜기에 쪄내는 찐만두뿐이라고 철석같이 믿고 나눠 살던 나였다. 그런 내가 기름과 물을 섞어서 튀김과 동시에 쪄버리는 교자 만두를 만났을 때의 충격이란… 말로 표현할 수 없었다. 레시피를 따라서 만들어본 교자 만두는 겉바속촉, 그 자체였다.
'와 이거 맛있다. 너무 맛있다. 그리고 신기하다!'
워크샵이 끝나고 퇴근하는 길, 만두를 한 봉지 사서 돌아왔다. 기름과 물을 반반 넣은 밀가루를 잘 휘저어 구워준다. 완성된 교자 만두를 접시에 옮기고 호호 불어가며 먹는다. 문득 이 교자 만두처럼 살아야겠다는 생각이 스친다. 나와 전혀 어울리지 않는 환경에 나를 노출하고, 절대 하지 않을 것 같은 일을 저질러보는 거다. 그러면 반복되는 일상에 새로운 에너지가 부어지고, 그 에너지가 상상도 못한 시너지를 만들어낼 수 있지 않을까.
이런, 맛있는 교자 만두 앞에서 생각이 많았다. 이제 생각 끝! 맥주 한 캔을 따지 않을 수 없는 맛이다. 어렵지 않으니 꼭 해먹어보고, 삶에 새로운 시너지를 만들어 보시길.

1. 물 2/3 컵에 밀가루 두 다 같이 넣고 잘 풀어주세요.
2. 프라이팬에 식용유를 부어주고, 만두의 앞면 뒷면 옆면에 묻혀서 나란히 배열해둡니다.
3. 기름이 잘 달궈지면, 불을 약중불로 해두고
4. 밀가루를 풀어둔 물이 만두들 사이사이에 잘 퍼지도록 부어주세요.
5. 그리고 프라이팬 뚜껑을 닫고 익혀주세요.
6. 뚜껑 옆에 귀를 가져다 대고, 약불로 하고 물과 기름이 섞여서 나는 톡톡 소리가 사라질 때까지 기다려주시고요.
7. 뚜껑을 살짝 열어 밀가루가 익었는지 확인해 주세요.
8. 밀가루가 잘 익었다면, 뚜껑을 열고 넓은 접시를 프라이팬에 대서 뒤집어 줍니다.
9. 그럼 일본식 교자만두 완성. 맛있게 드세요!

만든 사람도, 먹는 사람도 행복하게 만드는 요리
「 소고기 미역국 」

사랑하는 사람을 위해서 만든 요리에는 요리한 사람도, 먹는 사람도 행복하게 만들어주는 힘이 있다.
아내의 생일 전날. 퇴근길 아내 몰래 동네 마트에 들렀다. 숨기기 좋은(?) 사이즈로 잘린 미역 한 봉지와 소고기 한 근을 산다. 물론 결제 내역이 남지 않도록 현금으로 계산은 필수다. 내용물이 보이지 않는 검정 봉투에 넣고 돌돌 말아서 조용히 집으로 귀가한다. "다녀왔어"라며 자연스레 가방과 외투를 정리하는 척하며, 방으로 들어가 아내의 눈이 닿지 않는 냉장고 안쪽 구석에 미역과 고기를 숨긴다. 매년 그렇듯 조용히 D-day 요리를 위한 알림을 맞춰둔다. 밤이 되면 피곤하다는 핑계를 대고 일찍 잠자리에 든다.
다음날 새벽 4시 30분.
알람이 울리자마자 번뜩 눈을 뜨고, 자는 아내가 깨지 않도록 살금살금 침대 밖으로 빠져나온다. 냉장고 깊숙한 곳에 숨어있던 미역과 소고기를 꺼낸다. 요리를 위해 필요한 마늘과 양념들도 준비한다. 미역을 미리 물에 불려두고, 쌀을 깨끗이 씻어 안쳐준다. 고소한 밥이 만들어지는 동안, 잘 불어난 미역으로 미역국을 끓여준다.

밥과 미역국이 완성되면 다시 방문을 열고 스르륵 침대 위로 올라간다. 이불 소리가 나지 않게 조용히 아내 옆에 누워 잠을 청한다.

아침 6시 30분, 두 번째 알람이 울린다. 다시 일어나 한번 더 미역국을 끓여 맛에 깊이를 더해준다. 미리 준비해둔 고기 말이, 계란말이를 프라이팬에 올려 구워준다. 이른 아침이라 지글-지글, 맛있는 소리만이 집을 채운다.

이제 완성된 요리들을 그릇에 잘 옮겨 담아주면 완성이다. 커튼을 치고 아직 자고 있던 아내를 깨워 식탁에 앉힌다. 해피 버스 데이! 별거 아닌 요리들이지만, 종일 뱃속을 든든하게 채워주는 한 끼다. 마음까지 든든해지는 생일 아침상.

사랑하는 사람의 생일에는 미역국을 끓여줘 보자. 빛나고 화려하지는 않아도, 어떤 선물보다 뱃속까지 든든하게 만들어줄 거다. 이거 하난 분명하다.

1. 미역을 조금만 집어서 물을 붓고 불려줍니다.
2. 한 20분 정도 지나면 작디작던 미역은 풍성하다 못해 지저분하게 많아질텐데요. 놀라지 마세요!
3. 이제 미역을 먹기 좋게 잘게 잘라주고, 볶아줍니다. (아예 처음부터 잘린 미역을 사도 좋아요)
4. 달궈진 프라이팬에 미역과 국거리용 소고기를 넣고, 참기름, 간장을 붓고 볶아주세요.
5. 간장과 참기름의 고소하면서도 짠 향이 고기와 미역에 스며들면
6. 이제 물을 붓고 끓여줍니다. 이때 다진 마늘도 함께 넣어주면 깊은 맛이 감싸줘요!
7. 국간장으로 간을 해주면서 끓여주면 생일상에 올라갈 소고기 미역국이 완성!
8. Tip. 미역국은 끓이면 끓일수록 깊은 맛이 우러납니다. 한 번 끓이고 식히고, 다시 또 끓이기를 반복해보세요. 수고로움만큼 맛이 비례할 거예요

우당탕탕 갈비탕
「 갈비탕 」

설날이라고 회사에서 갈비를 줬다. 결혼 전에는 선물받은 갈비를 부모님께 전해드리고, 칭찬받는 것으로 내 역할은 끝났다. 하지만 결혼 후에는 가져오는 것은 시작이고, 요리를 해서 먹고, 치우는 것까지 모두 완료해야만 끝이 난다.
무엇을 해먹을까? 갈비탕? 갈비찜? 레시피를 뒤져본다. 한참을 고민해봐도 쉽게 답이 나오지 않는다. 왜냐, 그 무엇 하나 쉬워 보이지 않기 때문이다. 그동안 엄마는 뚝딱 잘도 만들어주셨다. 존경심이 피어난다.
어차피 처음해보는 난이도 높은 요리들이라 뜨끈하게 몸보신할 겸 갈비탕에 도전해보기로 했다. 유튜브를 뒤져서 갈비에서 핏물을 빼는 것부터 시작한다. 빼도 빼도 핏물이 나온다. 식당이나 집에서 먹을 때는 맛있다는 생각만 했지 이런 과정은 상상해본 적이 없다. 이제서야 나도 진정한 프로슈머*가 됐구나 싶다.
당면과 대파까지 잔뜩 썰어 넣어줬더니 비주얼도 나름 그럴싸하다. 이제 먹어볼 차례다. 음, 나쁘지 않은데?
난생 처음 만들어본 갈비탕. 만드는 과정은 우당탕탕이었지만, 완성된 맛이 좋은 쪽에 가깝다. 신기하다. 내가 갈비탕을 만들다니!
뽀얀 국물 위로 아침부터 온종일 핏물을 빼고, 요리했던 시간이 떠오른다. 국물 맛이 더 진해지는 기분이다.

*프로슈머: 미국의 미래학자 앨빈 토플러가 '제3의 물결'에서 처음 소개한 개념으로 프로듀서(producer, 생산자)와 컨슈머(consumer, 소비자)의 합성어이다. 생산자이면서 소비자이며, 소비자이면서 생산자라는 뜻이다.

1. 갈비를 해동시켜두고, 물에 담가 핏기를 빼줍니다.
2. 한 번으로 되면 좋겠지만, 그것은 절대 안 될 말. 번거로운 이 과정은 많으면 많을수록 좋은 듯합니다. 갈비에 담긴 핏기와 작은 뼛가루까지 물에 담가지는 과정에서 빼주세요.
3. 놀라지 마세요. 아직 본격적인 요리는 시작되지 않았답니다.
4. 큰 솥에 물을 붓고, 대파 1대와 무를 1/5 정도 잘라서 넣어주세요. 더 넣어도 문제는 없습니다.
5. 이제 다시마를 넣고 국간장을 5~6스푼 넣고 1시간 30분 넘게 푹 끓여주세요.
6. 강불에서 불 조절해주다가 국이 끓기 시작하면, 중불로 줄여서 계속 끓여주시고요.
7. 파와 다시마가 익으면서 국물이 우러나왔다면, 다시마, 대파, 무를 빼주세요.
8. 이제 다진 마늘을 한 스푼 넣고, 소금을 조금씩 넣으며 간을 해주세요.
9. 고기가 쑥 빠질 정도로 익으면 완성.
10. 넓은 접시에 갈비와 국물을 붓고, 미리 만들어둔 지단과 송송썰어진 대파를 넣어주세요.
11. 이제 각자의 입맛에 맞춰 후추를 톡톡 넣어주면 우당탕탕 갈비탕 완성입니다. 맛있게 드세요!

똥꼬츠 오이시데스네
「 돈코츠 라멘 」

알고 있던 세상이 실은 빙산의 일각이었다는 걸 알게 되는 날. 우리는 세계관의 붕괴와 확장을 동시에 경험한다. 그 속에서 누군가는 좌절하고, 누군가는 앞으로 나아간다.
중학교 3학년 겨울 방학, 고등학교 입학을 앞두고 일본 도쿄 여행을 갔다. 그때까지 일본은 축구 라이벌이자, 초밥이 유명한 만화의 나라였다. 당연히 일본어도 할 줄 몰랐고, 무슨 음식들이 있는지도 몰랐다.
처음 들어간 식당은 라멘 가게였다. 주방장과 직원분들이 "이랏샤이마세"를 외치며 반갑게 맞아줬다. 오래된 목조로 만들어진 가게에는 구수한 국물 향기가 가득 퍼져있었고, 벽에는 온통 일본 맥주 포스터와 그림들로 빼곡히 채워져 있었다. 테이블 위에는 피규어들이 올려져 있었다.
'하나 몰래 주머니에 넣어서 가져갈까' 하는 마음이 들었지만, 고등학생도 되기 전에 국제 범죄자가 된다는 생각에 고개를 절레절레 저었다.
두리번 두리번 가게를 둘러보고 있으니, 곧이어 깔끔하게 다려진 하얀 앞치마와 모자를 쓰신 인상 좋은 아주머니가 다가 오셨다. 안 그래도 동그란 눈을 더 크고 둥그렇게 뜨시며 "메에~뉴?" 라고 말하는 아주머니.

그 말 말고도 뭐라고 좋은 말씀(?)을 해주신 것 같은데 하나도 이해하지 못해 손으로 엑스 자를 그리며 연신 "아이 캔트 스피크 제페니스"를 해 댔다. 아주머니는 다시 한 번 사람 좋은 미소를 지으며 메뉴판을 건네주셨다.

메뉴판에는 뜻을 알 수 없는 일본어만 가득했다. 물론 초밥이 사진이 있었지만, 우리가 아는 전 세계 메뉴판들이 다 그렇듯 사진만 보고는 뭐가 뭔지 알 수 없었다. BEST와 따봉이 그려진 메뉴를 하나 골라 손으로 콕 가리켰다. 주문서를 회수하며 주방을 향해 "똥꼬츠~ 똥꼬츠"를 외치는 아주머니를 보며, 이 라멘 이름이 똥꼬츠구나 했다. (혹시 식욕이 떨어지신 분이 있다면 양해를 구한다. 돈코쓰를 똥코츠로 들었다.)

얼마 후 뜨끈한 라멘이 도착했다. 묵직한 향이 모락모락 피어난다. 뭔지 모르겠지만, 이 똥꼬즈 맛있겠는데?

수저를 들어 일단 국물부터 한 입 떠먹는다. 진한 설렁탕 국물 같기도 한 것이, 얼큰하기도 하면서 입맛을 돋운다. 바로 젓가락으로 바통터치하고 면을 한 움큼 집어서 입에 넣는다. 냉면보다는 딴딴하고, 짜장면보다는 얇고 쫄깃하다. 맛있다. 똥꼬츠 라멘, 이거 찐이다. 이 감동을 표현하고 싶은데 방법을 몰라, 따봉을 날린다.

"오이~시?"라며 미소를 짓는 아주머니께 "하이! 굿!"을 외친다. 후루룩후루룩 면치기를 하고, 그릇을 들어 국물 한 방울까지 먹어준다. 머리부터 발끝까지 기분 좋은 땀이 잔뜩 흐른다. 좋다.

그날 이후, 도쿄 여행이 끝날 때까지 매일매일 라멘 식당을 찾아 종류별로 먹었다. 분명 한국에서는 매운 맛의 정도에 따라 삼양라면, 신라면, 진라면이 구분됐던 것 같은데, 여기서는 베이스를 무엇으로 했느냐에 따라 종류가 구분됐다. 맛있는데 종류도 많았다. 일본사람들은 매일 행복한 고민에 살겠구나 싶어 부러웠다.

여행하면서 우리나라의 라면이 실은 일본에서 넘어왔고, 일본에는 지역별로 다양한 국물을 베이스로 한 라멘들이 있다는 것을 알게 됐다. 그때 다짐했다. 언젠가 일본 전국의 라멘들을 다 먹어보겠노라고.

*정확히 4년 후 스무 살 여름, 나는 일본 전국을 돌면서 지역별 모든 라멘들을 먹었다.

1. 이제 라멘은 한국에서도 일본의 맛과 비슷하게 하는 곳이 꽤 많이 생겼습니다.
2. 한국 라면과 다르게 라멘은 식당에서 먹어야 합니다. 블로그나 지도에서 라멘 맛집을 검색해 보세요.
3. 면 추가는 필수입니다. 맛있게 드세요!

열심히 일하고, 잔뜩 힘들길 잘했어
「 타르트 」

분명 어두컴컴한 새벽에 집을 나왔던 것 같은데, 일을 마치고 회사를 나오니, 어두컴컴해진 하늘이 기다린다. '오늘 하루는 진짜 힘들었다, 그치?' 라며 괜히 혼잣말을 던져본다. 이런 날에는 괜스레 나에게 선물을 해주고 싶어진다.
안 되겠다. 퇴근길 지하철, 평소보다 한 정거장 먼저 내린다. 원래 가던 길 대신 빙 돌아서 좋아하는 동네 빵집에 들렀다. 트레이와 집게를 들고는 한참 동안 진열된 빵들을 구경한다. 회사에서 모니터를 뚫어지라 쳐다보며 틀린 숫자가 없는지 지켜봐야 했던 충혈 된 눈은, 노릇노릇 구워져서 형형색색 토핑을 올린 빵들을 바라보며 안정을 되찾는다.
오늘은 어떤 빵을 먹으면 좋을까? 그 맛과 향을 떠올리며 행복한 상상을 한다. 이제 고민을 멈출 시간이다. 포슬포슬 단단한 타르트를 집어 계산대로 간다. 계산을 하고, 포장된 타르트를 가지고 집에 가는 길. 피곤했던 발걸음이 가벼워진 기분이다. 집에 도착해 샤워를 마치고, 편한 옷으로 갈아입는다. 예쁜 접시를 꺼내 포장해온 타르트를 조심스레 올린다. 물론, 우유도 빠뜨릴 수 없다. 타르트를 바라보며 괜스레 깍지를 껴고 손목을 풀어준다. 입을 크게 벌려 턱 근육도 한 번 이완시켜본다. 이제 가능한 한 크게 한 입 베어 문다. 이 순간만큼은 타르트와 나밖에 없는 세상이 펼쳐진다. 타르트와 두 손을 마주 잡고 빙글빙글 하늘을 돈다. 타르트와 함께라면 지친 몸과 마음도 샤르르 녹아내린다. 열심히 일하고, 잔뜩 힘들길 잘했다 싶다. 덕분에 타르트와 함께 할 수 있었으니.

1. 타르트의 핵심은 바삭바삭함에 있습니다. 갓 만들수록 맛있어요.
2. 공장에서 만들어 오는지, 그날 가게에서 만드는지 확인해 보세요.
3. 괜찮은 동네 빵집이 없다면 커피 체인점에서 파는 타르트도 나쁘지 않답니다?

춘천 가는 기차는 나를 데리고 가네
「 춘천 닭갈비 」

드라마를 보는데 남자 주인공이 "난, 너 아니면 안 돼"라고 말하며 여자친구를 잡는 장면이 나왔다. 문득 궁금해졌다. 오직 너뿐이야 라고 말하는 사람의 마음은 뭘까? 사랑인가?

입맛이 까다롭지 않은 편이다. 특별히 맛집을 찾아가서 몇 시간까지 줄을 서서 먹는 수고로움을 굳이 나서서 하지는 않는다. 카레는 인도나 일본이 아니라도 어디서나 맛있고, 짜장면도 차이나타운까지 가지 않아도 맛있다. 하늘과 땅 정도의 차이가 나는 경우는 없으니 굳이 구분하지 않는다.

그런 내가 양보하지 못하는 유일한 음식이 닭갈비다. 닭갈비만큼은 오직 춘천 닭갈비만 먹는다. 방문이 어렵다면 박스로 포장 배달시켜서 먹는다. 왜냐고? 글쎄, 맛있고 양이 많아서라고 쉽게 대답해버리기에는 이 마음의 깊이가 깊어도 너무 깊다. 갑자기 머리를 한 대 탁 맞은 기분이다. 이거구나, 너 없으면 안 된다는 감정. 사랑이구나.

월급날 아침, 월급이 들어옴을 알리는 문자와 함께 장바구니에 몇 주 전부터 넣어뒀던 춘천 1.5 닭갈비를 주문했다. 카드값이 잠시 두려웠지만, 주저하지 않는다. 사랑을 위해서는 때론 용기가 필요한 법이다.
'춘천 가는 기차는 나를 데리고 가네
오월의 내 사랑이 숨 쉬는 곳'
내게는 이 가사보다
'춘천 가는 기차는 나를 데리고 가네
닭갈비 냄새가 뿜어지는 곳'
이 더 맞는 것 같다.

1.   무조건 춘천으로 가세요.
2.   1.5 닭갈비를 찾아가 드세요. 끝.
*춘천 1.5 닭갈비 닭갈비: 강원 춘천시 후만로 77 1.5 닭갈비

어른이들을 위한 과자선물세트
「 초밥특선세트 」

어린이 시절, 크리스마스가 되면 과자선물세트를 받았다. 평소에는 수많은 선택지에서 하나를 고르느라 마음고생이 이만저만이 아니었던 내게, 그날만큼은 유일하게 고민 없이 과자를 먹을 수 있는 날이었다. 물론! 좋아하지 않는 맛도 섞여 있었지만, 넉넉한 곳간에 내 미각의 인심도 후해 지곤 했다.
어른이 된 나는 회전 초밥집에 갈 때면 다시 어린 시절로 돌아간 듯 고민에 휩싸인다. 어떤 접시를 집어 먹어볼까. 몇 접시나 먹을 수 있을까. 이런 나를 위해 오늘은 초밥 특선세트를 선물한다. 고민하지 말고, 넉넉한 마음으로 하나씩 맛보라고. 어린 내가 그랬던 것처럼 평소라면 먹지 않았을 초밥들도 인심 후하게 맛있게 먹어치운다. 어른이에게는 초밥 특선세트가 딱 과자선물세트인 셈이다.
동심으로 돌아가고 싶은 날에는 나에게 초밥 특선 세트를 시켜주자. 이제 어른이니 시원한 생맥주도 한 잔 있다면 더할 나위 없이 좋겠다.

아앙 -

있잖아, 만약에…
「 아이스크림 」

"있잖아~ 만약에..."
나는 '만약에'를 입에 달고 사는 대문자 N 성향을 가진 eNfj형 사람이다. MBTI를 잘 모르는 사람들을 위해 풀어서 설명하자면 'N'은 상황을 가정하고 상상하는 걸 즐기는 사람이다. 물론 반대 성향을 가진 사람들은 '이런 걸 왜 물어봐?'라는 잔소리를 듣지만, 어쩌겠나 재밌는걸!

회사에서 오전 내내 회의를 하고, 잔뜩 스트레스를 받은 채로 식당에 가서 점심을 먹었다. 음식이 나올 때까지 머리도 식힐 겸 동료들에게 질문을 던졌다.

"만약 무인도에 떨어져서 디저트 하나만 먹을 수 있다면?"
"만약 죽기 전에 음식 한입만 먹을 수 있다면?"
내 대답은 '아이스크림'이다. 열 살 때도, 스무 살 때도, 서른 살 때도, 지금까지도 아이스크림이다.

물론 어떤 사람은 아이스크림이 밥이냐? 영양소도 없잖아!라고 말할 수 있겠지만. 살면서 몇 번이나, 며칠 동안 밥 대신 각양각색의 아이스크림만 먹어 본 내게는 아이스크림은 어떤 음식보다도 강력한 영향력을 가진 음식이자 디저트다.

어린 시절, 편식이 심했지만 유독 아이스크림에 있어서는 가리는 것이 없었다. 할머니가 좋아하시던 서주 아이스크림도, 아빠가 좋아하시던 비비빅도, 엄마가 좋아하시던 메로나도, 모두 맛있었다. 무더운 여름날이면 마트에 가서 아이스크림을 종류별로 잔뜩 사왔다. 천천히 오랫동안 먹으라는 부모님의 말씀도 냉동실 앞에 가면 공허한 메아리가 됐다. 정신을 차리고 보면 벌써 3~4번째 아이스크림을 뜯고 있었다. 다행스럽게도 내 장은 튼튼했다.

아이스크림은 디저트다. 하지만 누군가에게 아이스크림은 음식이다. 아이스크림이 있어 다행이다. 만약에 아이스크림이 없다면, 생각만 해도 삭막한 세상이었을 거다. 암 그렇고말고. 생각해보니 아까 회사에서도 그렇게 스트레스받을 것 없이, 잠깐 나가서 아이스크림이나 먹고 올걸 그랬나 싶다.

주인공보다 빛나는 조연
「 치즈 오븐 토마토 파스타 」

금요일 저녁, 퇴근하고 피자집에 들렀다. 한 손엔 피자 다른 손에는 파스타를 들고 신나게 집으로 향한다. 대충 손만 씻고, 식탁에 앉아 넷플릭스 추천 영화를 플레이한다. 이 영화 재밌다. 그런데 희한하게 주인공보다 조연에게 시선이 간다. 이런 걸 감초 연기라고 하나? 조연의 존재감이 영화의 맛을 살리고, 좋은 영화 한 편을 완성시킨 기분이다.

생각해 보면 요리에도 주연과 조연이 나뉜다. 식탁 위에서 조연의 이름은 사이드 메뉴. 대게 사이드 메뉴는 어설프다.
'메인 메뉴보다 못하거나', '메인 메뉴보다 튀려고 해서 오히려 매력이 떨어지거나' 하는 식이랄까?
이 녀석은 다르다. 아까 봤던 영화 속 조연 같다. 메인 메뉴보다 튀지는 않지만, 거기에는 없는 것을 가졌다. 어떤 포인트에서는 더 맛있기도 하고, 함께하면 조화롭게 맛을 낸다. 그 이름은 바로 '치즈 오븐 토마토 파스타'
희한하게도 고급 레스토랑보다 피자 체인에서 파는 게 더 맛있다. 피자헛, 도미노피자, 미스터피자, 어디든 상관없다. 은색 은박지 그릇에 담긴 채로 오븐에 구워지면서 사이드 가장자리가 슬쩍 타서 눌어붙어 있다. 잔뜩 들어간 치즈가 노릇노릇하게 익어서 꾸덕꾸덕하다. 덕분에 식으면 한 뭉텅이가 된다. 꾸덕꾸덕한 치즈의 느끼함은 토마토의 새콤한 향이 싸악 잡아주고, 파스타만 먹을 때의 심심함은 함께 시킨 피자가 상쇄시킨다. 돌돌 만 파스타 면을 피자 위에 올려서 먹을 때의 묵직한 보디감이란!

피자의 완성은 치즈 오븐 토마토 파스타다. 특히 체인점 피자라면 성공 확률 100%다. 실패를 두려워 말고 주문해보자. 피자도 많은데 파스타는 어떻게 먹느냐고? 그럼 피자 사이즈를 줄이고, 파스타를 추가하자. 완벽한 한 끼의 완성을 감상하게 될 것이다.

1. 피자 체인점에서 좋아하는 피자를 주문해주세요.
2. "더 시키실 것은 없나요?"라고 묻는 직원분에게 외치는 겁니다. "치즈 오븐 토마토 파스타도 추가할게요"라고!
3. 재밌는 영화나 드라마를 틀고, 피자와 파스타를 신나게 먹어주세요!

천하제일 미식 대회
「 크림 까르보나라 」

재료가 잔뜩 들어간 새하얀 크림 까르보나라를 먹고 있자면, 입 속에서 드래곤볼 천하제일 무술대회가 열리는 기분이다. 크리미한 크림과 오일리한 베이컨이 서로 누가 더 느끼한지 자웅을 겨룬다. 그리고 그 대결 장소는 내 혓바닥 위.
심판이 된 나는 승패를 가리지 않는다. 공정하면서도 사려 깊은 심판이 되어, 서로 화해하고 껴안으라고 둘의 등을 떠민다. 그러면 그 둘은 싫지 않은 듯 하나가 되어 느끼하면서도 풍부한 맛을 낸다. 싸우고 화해하는 어린 딸, 아들을 바라보는 아빠가 된 기분이 이런걸까. 아 행복해...
느끼함에 눈을 뜬 내게 더 이상 그 어떤 느끼한 음식도 두려움의 대상이 아니다. 그저 온전히 느끼고 싶은 음식일 뿐...
앞으로도 자주 내 입에서 싸워줄 음식들을 기다린다. 느끼하고 맛있는 음식들이여 천하제일 미식 대회가 열리는 내 입으로 오라.

까르보나라 소스를 사서 만들어 먹어보세요. 요즘은 워낙 잘 나온답니다.
1. 냄비에 소금을 한 꼬집 넣고 면을 삶아주세요.
2. 프라이팬에 올리브유를 조금 넣고, 베이컨과 버섯을 볶아주세요. 원하면 양파를 추가해도 좋습니다.
3. 재료가 잘 익으면 소스를 붓고 휘휘 저어주세요.
4. 냄비에서 삶은 면이 익었다면, 소스가 있는 프라이팬에 옮겨서 잘 섞어주면 완성입니다. 맛있게 드세요.

초록초록 건강한 한 끼
「 루꼴라 바질 페스토 파스타 」

요 며칠 고칼로리 음식을 먹었더니 양심이 찔린다. 안 되겠다 싶어 퇴근길 총총걸음*으로 두 정거장 전에 내려 이마트로 향했다.

'건강한 음식으로 고해성사할 테다!' 라고 다짐하며 식욕과 주머니의 벌렁거림을 조장하는 빨간색 불빛 정육 코너를 쏜살걸음으로 지나친다. 물론 하얀 불빛 아래서 형형색색 자신을 뽐내던 과자 코너는 말할 것도 없다. 발걸음이 멈춘 곳은 새하얀 수증기를 뿜어내며 '이 구역 건강미는 내가 담당하지'하고 있는 초록 초록 채소코너다.

봄과 함께 찾아온 제철 채소들의 향기가 비염 때문에 고생하는 내 코를 치유해 준다. 영화 '미나리' 이후 더욱 애정하게 된 미나리부터 고기랑 먹을 때나, 비빔 국수를 먹을 때면 빼먹지 않는 깻잎까지 서로 자기를 데려가라고 손짓한다. 미안하지만 오늘은 역시 이 녀석이다.

'루꼴라'

소스 코너에서 쓰윽 챙겨온 바질 페스토와 이 녀석이라면, 퇴근길의 해방감은 해방감대로 즐기면서 양심도 찔리지 않고(?)

마음 편히 양껏 먹을 수 있는 파스타가 뚝딱이다. 비닐봉지를 뜯어 손을 집어 놓고, 루꼴라를 한 손 가득 집는다. 직원분께 가져가 무게를 재고, 가격표를 붙인다. "감사합니다"라는 말이 절로 나오는 행복한 순간 다시금 충충걸음으로 계산을 하고 집으로 향한다.

어라 어떻게 요리했더라? 기억나지 않는다. 그저 연신 맛있다고 하며 이 건강한 초록색을 눈으로, 입으로, 코로 마음껏 흡입한 기억뿐. 초록초록한 색은 언제나 옳다. 맛으로 보나 건강한 한 끼로나 그렇다.

*스스로 '총총걸음'이라고 느끼며 걷지만, 키 187cm의 사람의 걸음은 아마도 '충충걸음'처럼 보이겠지

나마스떼-

1. 파스타면은 펜네로 준비해주세요. 소금을 한 꼬집 넣고 삶아줍니다. 펜네 면은 더 두꺼우니 오래 삶아주세요.
2. 취향에 따라 들어갈 마늘의 갯수를 정해 마늘을 편 썰어 올리브기름을 두른 팬에 노릇하게 볶아줍니다. 마늘향이 올라오면서 갈색으로 변하면, 새우를 넣고 익을 때까지 중불에 볶아주세요. (새우는 없으면 패스)
3. 삶아진 펜네를 프라이팬에 올려 올리브 오일로 살짝 볶아 코팅해줍니다. 안 그러면 퍼져버려요.
4. 바질페스토 소스를 3~4큰술을 넣고, 펜네면과 마늘, 새우와 함께 잘 버무리며 볶아주세요.(Tip. 무조건 약불입니다)
5. 만약 모짜렐라 치즈가 있다면 살짝 뿌려줘도 좋지만, 걱정 마세요. 없어도 맛있습니다.
6. 마지막으로 깨끗히 씻어둔 루꼴라를 그 위에 올려 잘 섞어서 먹으면 초록초록하고 맛있는 바질 페스토 파스타 완성입니다. 맛있게 드세요!

심플 이즈 베스트
「 알리오 에 올리오 」

"완벽하다는 건 무엇하나 덧붙일 수 없는 상태가 아니라, 더 이상 뺄 것이 없을 때 이루어지는 것이다." - 생텍쥐페리
당신이 생각하는 완벽한 음식은 무엇인가요? 식탁 위에서 오고 가는 질문 중, 이것만큼 다양한 답변이 나올 수는 없을 거다. 누군가는 '화학조미료가 들어가지 않은 담백한 맛의 건강한 음식'이라고 답할 것이고, 어느 누군가는 '눈과 코가 즐거운 화려한 음식'이라 답할 것이다. 아마 '음식이 다 똑같지, 뭐 이런 걸 묻나?'라고 말하는 사람도 있을 거다.
하지만 이 질문을 직접 요리해서 먹는 사람의 입장으로 생각해보면, 몇 가지 재료와 단순한 조리만으로 최고의 맛을 낼 수 있는 가성비 높은 음식이야말로 완벽하지 않을까?
그래서 내 대답은 '알리오 에 올리오', 올리브 오일 파스타다. 필요한 재료는 촉촉한 올리브 오일과 강한 향을 뽐내는 신선한 마늘, 매콤한 페페론치노(매운 홍고추)면 충분하다. 게다가 재료 준비부터 식탁 위에 올라가기까지 10분이 채 걸리지 않는다. 그러면서 맛은 으-마으마 하다. 생텍쥐페리가 맞았다. 완벽한 음식은 적은 재료와 단순한 조리법으로 가능한 최고의 맛

을 내는 것. 역시 심플 이즈 베스트다.

1. 소금을 넣은 끓는 물에 파스타 면을 삶아주세요 (Tip. 소금을 넣는 이유는 면에 간을 하는 것도 있지만, 소금기가 없으면 면에 밀가루 냄새가 많이 나기 때문이기도 하답니다)
2. 마늘을 깨끗이 씻어 편 썰기 해 주세요. 손이 다치지 않게 조심할 것!
3. 팬에 올리브유를 두르고 마늘을 넣어 볶아주세요. 이때 편마늘이 쉽게 탈 수 있으니, 타지 않게 약한 불로 볶아주시는 게 좋습니다. 올리브 오일과 마늘향이 섞여 향긋한 냄새가 난다면 딱 좋습니다.
4. 마늘이 어느 정도 익었으면 이제 페페론치노를 넣어주세요. 페페론치노와 마늘, 올리브 오일이 뒤섞여 춤추게 해주시면 되겠습니다. 댄스댄스
5. 마늘이 황금빛이 돌만큼 익으면 옆에서 끓고 있는 파스타 면수 1~2 국자 정도를 팬에 부어주세요.
6. 면이 거의 다 삶아졌다면(7~8분 정도) 때 면을 팬에 옮기고 불을 중간불에서 볶아주세요.
7. 1~2분 정도 가열하여 면수를 졸여주면서 면에 소스를 골고루 입혀주시면 완성입니다. (개인 기호에 따라 파슬리나, 치즈를 뿌릴 수도 있다)
8. 이제 파스타를 예쁜 그릇에 올려서 후루루 짭짭해주면 끝!

엄마가 그리워지는 날에는
「 참치 김치찌개 」

언제나 곁에 있어 당연하게만 여겨지던 것들은 그 빈자리가 훨씬 크게 느껴지곤 한다. 결혼하고 분가한 지 벌써 몇 년이 지났다. 가끔 아무 이유 없이 엄마가 보고 싶어지는 날이 있다. 전화나 메신저로는 채워지지 않는 감정이 차오르는 날.

그런 날에는 참치 김치찌개를 끓인다. 언제나 집에 있던 재료로 뚝딱 만들어주던 엄마처럼. 참치 김치찌개는 뭔가 그런 음식이다. 식재료 창고에 늘 있는 참치 통조림과 냉장고에 늘 있는 김치(엄마와 장모님께서 챙겨주신)로 만드는 요리.

참치 김치찌개를 많이 끓여주셨던 것도 아니고, 해주셨던 요리 중에 최고로 뽑는 메뉴도 아니다. 그런데 희한하게 엄마를 생각하면 참치 김치찌개가 떠오른다.

조리를 완료하고 인덕션 앞에 서서 보글보글 끓는 소리와 함께 고개를 이리저리 흔드는 냄비 뚜껑을 바라본다. 주머니에서 휴대폰을 꺼내 엄마에게 전화를 걸었다.

"엄마! 나 참치 김치찌개 끓였다?"

끓여지는 동안 별거 아닌 대화를 잔뜩 나누고 전화를 끊었다. 냄비 채로 식탁으로 가지고 가서 뚜껑을 열어준다. 김이 모락

모락 피어나는 찌개를 호호 불어 식혀서 한 입 크게 퍼먹는다. 수화기 너머로 들린 엄마의 목소리 때문인지 모르겠지만, 이것 참 행복한 맛이다. 뜨끈한 행복감이 입안 가득 찬다.

1. 신 김치를 국그릇 가득 넣어 계량하고, 냄비에 식용유 3스푼 넣고 달달 볶아주세요. (Tip. 신 김치가 없으면 김치에 식초를 한 스푼 넣고, 10분 정도 놔두세요)
2. 참치 한 캔을 따서 냄비에 넣어줍니다. 통조림 기름도 함께 넣어주세요. (*구매할 때 좋은 기름으로 만든 참치를 구매하세요)
3. 물 400ml와 김칫국물 3-4 국자를 넣어주고 끓여줍니다.
4. 보글보글 끓기 시작하면 대파를 송송 썰어 넣고, 다진 마늘도 한 스푼 넣고 더 끓여주면 완성. 호호 불어서 맛있게 드세요!

비 오는 날이면 생각나는
「 파전과 막걸리 」

브랜딩과 마케팅을 공부하다 보면 '브랜드 인지도'라는 개념을 배우게 된다. 제품이나 서비스를 구매해야 하는 순간, 무의식적으로 먼저 떠오른다면, 그 브랜드는 잘 정립된 것으로 평가된다.

내게는 특정 계절, 날씨, 장소를 떠올리면 머릿속에 저절로 재생되는 음악이 있다. 봄이 오면 버스커버스커의 벚꽃엔딩이, 여름에는 윤종신의 팥빙수가, 여수에 가면 여수 밤바다가, 눈오는 겨울밤에는 자이언티의 눈이 흘러나온다.

음식 중에도 그런 친구들이 있다. 이들의 특징은 아귀힘이 강해서 한 번 떠오르면 꽉 잡고 도통 놔줄 생각이 없다. '날 먹어', '날 가져'라고 외친다. 결국, 이들의 포로가 된 나약한 나는 백기를 흔들 수밖에 없다.

비가 오는 날, 파전과 막걸리는 그중에서도 으뜸가는 파괴력을 가진 녀석이다. 우산을 펼치고 빗방울이 톡톡 소리를 내면, 괜히 파전 가게가 있는 골목길 앞을 지나간다. '지나가면서 냄새만 맡아야지!'라고 다짐하지만 언제나 그렇듯 다짐은 다짐에 그친다. 집 앞에 도착한 내 손에는 포장한 파전과 오늘 막 만들어진 장수 막걸리가 들려있다.

또 파전이랑 막걸리 사 왔냐고 한 소리 들을 것 같을 때는 '브랜드 인지도라는 게 있는데 말이지..'라면서 이 개념을 설명해보자. 어쩌면 조금은 덜 혼나고 넘어갈 수 있을 거다.

물론 무슨 헛소리냐며 등짝 스매시를 맞을 수도 있다.

가족 구성원이 3명 이하라면, 파전은 집에서 하는 것보다 전 집에서 사 먹는 게 현명한 선택입니다. 기름 냄새는 잘 안 빠집니다.

1. 넣으려는 재료를 손질하세요. 잘 안 익을 수 있으니 최대한 얇게 슬라이스 해서 볼에 넣어주세요. (저는 쪽파, 양파, 새우를 넣어 봤어요)
2. 부침가루를 한 컵 반 정도 넣어줍니다. (160~200mL 정도)
3. 차가운 물을 120mL 정도 부어서 반죽 물과 재료를 버무려 주세요. 묽기를 봐가며 물을 추가합니다. (Tip. 얼음물로 하면 더 바삭해진답니다)
4. 프라이팬을 중불로 맞춰두고, 그 위에 식용유를 부은 다음 반죽을 한 스쿱 듬뿍 퍼서 골고루 펴주세요.
5. 프라이팬을 앞뒤로 움직여가며 파전을 익혀줍니다.
6. 앞면이 충분히 익으면 스냅을 줘서 프라이팬 위로 전을 뒤집어주세요. (Tip. 스냅은 자신감입니다.)
7. 뒷면까지 바삭하게 익었으면 맛나게 먹을 차례입니다. 참! 막걸리를 잊지 마시고요.

누가 인생을 타이밍이라고 했나
「 치즈 잡채 」

누가 그랬다. 인생은 타이밍이라고. 요리도 그렇다고들 한다. 막 만든 음식만큼 맛있는 건 없다고 말이다. 하지만, 정말 그럴까? 타이밍을 놓치면 인생도, 음식도 다 끝난 걸까?

오랜만에 부모님 댁에 방문했다. 예전에 쓰던 방에 들어가 보니 이 공간만 내가 20대였던 시간에 멈춰있는 것 같다. 책장을 쓱 훑어보면서 '오 이 책 재밌는데!'하면서 몇 권의 꺼내 펼쳐본다. 악, 먼지. 얼른 창문을 열고 책에 앉아있는 먼지를 호호 불어준다. 뽀얀 먼지가 방안을 돌다가 창밖으로 나갈 때까지 기다리면서 책장을 넘긴다.

20대 때는 '그렇구나'하면서 넘어갔는데, 30대가 되니 '그래 맞아'라며 맞장구치고 있는 나를 발견한다. 시간이 흘러도 변함없이 그 자리에서 전과는 다른 매력을 뽐내는 책들. 이런 책을 만나면 기분이 좋아진다.

음식도 비슷한 것 같다. 갓 만든 따끈따끈한 음식도 좋지만 조금 식었을 때 더 맛있어지는 음식들도 있다. 아무도 찾지 않을 때 다가가 조금만 도와주면 맛이 확 살아나는 녀석들. 그런 음식과 나만의 방법을 찾아낼 때면 한없이 행복해진다. '그래, 이거지!'하고.

'잡채'가 그렇다. 잡채는 한 번 하면 여간해서는 다 먹기가 어렵다. 어머니들은 잡채를 만들 때면 참새 같은 새끼들 먹이려고 양푼 그릇 가득 넘치게 하신다. 그러니 가족 행사나 연휴가 끝나면 '잡채'는 언제나 우리와 함께 귀가한다. 오랫동안 그 녀석을 더 맛있게 만들기 위한 방법을 강구했다. 다시 기름을 붓고 볶아보기도 하고, 전자레인지에 데워 보기도 하고. 하지만 그 어떤 것도 이 방법만 못했다.

우선 프라이팬에 치즈를 올려준다. 치즈에는 유지방이 있어서 눌어붙지만, 쉽게 타지 않고 잘 떨어진다. 이제 그 위로 잡채를 부어준다. 녹아서 지글거리는 치즈로 당면을 코팅시켜준다. 분명 제삿상에 올라가는 전통 음식 같은 녀석인데, 치즈 코팅만으로 한없이 요즘 것 다워진다. '맛은 말해 뭐해'라는 말이 절로 나온다.

식어버린 잡채를 요리하면서 '인생은 타이밍'이라는 말이 절반은 맞고, 절반은 틀리다고 말할 수 있게 됐다. 이렇게 말하면 좋겠다.

물론 인생은 타이밍이다. 하지만 타이밍은 우리가 만들 수 있다. (갓 만든, 따끈한 잡채보다 맛난 것은 없다. 하지만 식어버린 잡채도 맛있어질 수 있다!)

으이그 우리 쨱쨱이들 -

1. 냉장고에 있던 잡채를 꺼내주세요. (혹시 냉동 상태였다면 1~2시간 전에 미리 상온에 꺼내두면 자연 해동됩니다)
2. 프라이팬에 슬라이스 치즈 2장을 올려주세요.
3. 치즈가 지글지글 거리기 시작하면 잡채를 부어줍니다.
4. 치즈가 잡채면에 코팅되도록 잘 섞어주시면 끝. 맛있게 드세요!

디스 이즈 마이 소울푸드, 유노?
「 햄버거 」

우리는 모두 가슴 한편에 소울 푸드 하나씩 품고 산다. 비 오는 날이면 엄마가 부쳐주시던 파전, 시골에 가면 할머니가 끓여주시던 된장찌개처럼 소울 푸드는 추억과 함께 버무려져 기억된다.

내게도 소울 푸드가 있는데, 좀 글로벌하다. 바로 햄버거. 때는 바야흐로 초등학교 2학년, 놀다가 인대가 끊어져서 수술해야 했다. 다행히 일상 생활은 가능해 깁스를 하고 통원치료를 하기로 했다. 하지만 아홉 살 아이에게 병원에 들어가자마자 풍기는 소독약과 울음소리, 주사는 공포 그 자체였다. 치료하러 가는 날은 아침부터 말수가 줄었다. 단기 우울증이었다. 부모님은 그런 나를 햄버거로 능숙하게 달랬다. "치료받고 나오면 병원 1층 맥도날드에서 햄버거 사줄게!"

진료를 마치면 병원을 나와 맥도날드로 가서 세트메뉴를 하나 고를 수 있었다. 맛있는 햄버거에 장난감까지 주니, 끔찍한 병원이라도 안 갈 수 없었다. 그렇게 한 달 내내 통원치료를 했다. 치료가 끝나고 깁스를 풀던 날, 엄마를 붙잡고 "나 깁스 풀어도 햄버거 먹으러 오는 거지? 응? 그런 거지?"라고 수

십 번 되물었다.

그로부터 몇 년간 내 꿈은 햄버거 가게 사장이었다. 좋아하는 음식을 매일 먹을 수 있는 삶이란 얼마나 행복할까 싶었다. 어린 내가 할 수 있는 일은 없었다. 영어 이름을 맥도날드 대표였던 '레이 크록'의 이름에서 따서 만드는 것 정도? (그때부터 내 영어 이름은 레이다)

어른이 된 지금, 더는 햄버거 가게 사장을 꿈꾸지 않는다. 나름 건강도 생각해서 햄버거를 자주 먹지 않는 어른이 됐다. 하지만 여전히 햄버거를 떠올리면 묵직한 한편에 나오는 육즙과 아삭한 양상추, 알싸한 양파 향이 떠올라 행복해진다. 마법처럼. 오늘은 왠지 영혼이 위로받고 싶은 날이다. 안 되겠다. 당장 햄버거 가게로 가야겠다. 라지 세트로 사이즈업해서 잔뜩 먹어 줄 테다. 와그작!

프랜차이즈 햄버거를 수제 버거처럼 먹는 방법을 소개합니다.
1. 버거를 주문할 때 패티를 한 장 추가해 주세요.
2. 양파와 치즈도 추가로 주문합니다.
3. 마요네즈와 케첩을 받아서 빵 안에 짜주세요. 짜잔 수제 버거 완성입니다. 맛있게 드세요!

내 입술 따뜻한 커피처럼
「 카페라테 」

육아휴직을 했다. 잠든 아이를 이불로 잘 덮어주고 거실로 나온다. 오랜만에 비가 내린다. 회사를 가지 않아도 비 오는 날에는 괜히 마음까지 함께 가라앉는 것 같다. 무의식적으로 혼잣말을 내뱉는다.
"그래, 이런 날에는 따뜻한 라테 한 잔 마셔 줘야지"
캡슐을 머신에 넣고, 커피를 내려준다. 뜨거운 김과 함께 나온 커피에 고소한 우유를 부어준다. 흰색과 갈색이 불규칙적으로 뒤섞여 내려간다. 내 마음처럼 우유가 커피 속으로 가라앉은 것 같으면, 그제야 입으로 커피잔을 가져간다.
첫 맛은 쓴맛으로 시작해 마지막은 고소함을 남긴다. 씁쓸하면서도 고소한, 신기하고 미묘한 맛이 우리 인생과 비슷한 것 같아 묘하게 위로가 된다.
회사 다닐 때도 그랬다. 몸도 마음도 축 처지는 비 오는 날이면 아메리카노 대신 나를 위해 따뜻한 라테를 한 잔 주문했다. 비가 그치면, 다시 햇살이 찾아올 거라고 스스로 응원을 해주던 날들.
오랜만에 회사 생각을 했다. 앗 갑자기 쓴맛이 강해진 기분이다. 기분 탓일거야..라며 쓸쓸하지만 고소한 커피를 한 입 더 채워준다.

1. 카페라테는 우유가 중요합니다. 그냥 우유가 아니라 매일 우유를 쓰는 곳이라면 맛이 좋을 확률이 높죠.
2. 여름이라도 비가 오는 날에는 따뜻한 카페라테를 추천합니다.
3. 머그잔에 나온 따뜻한 카페라테를 한 모금씩 음미하면 완벽!

미군이 잘 한 일은 전쟁을 도운 것만이 아니야
「 부대찌개 」

그거 알고 계시려나? 미군이 잘한 게 전쟁을 도운 것만이 아니라는 사실을!

오랜만에 무기고를 지켰던 군대 동기를 만났다. 군생활 첫 휴가부터 제대 후 첫 민간인 식사까지 우리의 메뉴는 언제나 부대찌개였다. 오늘도 마찬가지. 각자 어떻게 사는지 이야기를 나누며 대화를 나눴다. 그러다 갑자기, 정말 갑자기 이런 말이 내 입에서 튀어나왔다.

"미군이 잘한 건 6.25 전쟁을 도운 것만이 아니야."

"그럼 또 뭔데?"

"부대찌개가 나오게 해줬잖아"

"아, 인정"

고백하자면, 광복과 남북전쟁이 끝나고도 몇 세대가 지나고 나서야 태어난 우리는 전쟁에 대한 기억이 없다. 당연히 그 무게감을 알지 못한다. (적고 나니 괜스레 죄송스럽네...)

하지만 미군이 없었다면 지금쯤 김모 씨 일가를 왕처럼 모시며 살고 있을지도 모른다는 것쯤은 안다. 그래도 실제로 일어나지 않은 일이다 보니 크게 와 닿지 않는다. 대신 나는 다른 곳에서 미군에게 고마움을 느낀다.
'부대찌개'
미군부대에서 나온 식재료로 만들어진 부대찌개는 그들이 없었다면 세상에 나오지 않을 음식이었다. 아찔하다. 부대찌개가 없는 세상이라니! 상상만으로 미군의 존재가 얼마나 감사한지 온몸으로 체감된다. 내가 너무도 잘 알고 좋아하는 맛이 사라진다니 끔찍하다. 우리를 도와준 미군에게 고맙다. 덕분에 부대찌개가 있다. 아니지 아니지. 덕분에 지금 독립된 국가의 국민으로 살아갈 수 있게 됐다. 땡큐 쏘 마치다.

양념장을 만들 수도 있지만, 부대찌개의 핵심은 양념이 아닙니다. 시중의 소스를 쓰고 재료에 집중하세요! 재료가 중요합니다. 특히 소시지 많이 많이!!
1. 재료가 '다'하는 음식이 부대찌개입니다. 스팸, 소시지, 양파, 두부, 베이크드 빈스, 부대찌개 소스, 라면 사리를 준비해 주세요.
2. 물을 붓고, 재료를 넣고, 펄펄 끓여줍니다. 보글보글 물이 끓으면 이제 면 사리를 풍당.
3. 면이 꼬들꼬들해지면 면부터 하나씩 먹어주세요. 냠냠!

외국에 가서 살아보고 싶어졌다
「 올리브 」

나를 위한 요리를 시작하면서 식재료에 대한 관심도 조금씩 커졌다. 전에는 마트에 가면 시식코너를 도는 게 재미였다면, 지금은 식재료 코너를 구경하는 재미가 쏠쏠하다. 쉽게 구하기 힘든 재료들에 시선을 뺏기지만, 그래도 내가 가장 좋아하고 구매하지 않고 못 배기는 건 역시 올리브다.

지금은 동네 마트에서도 흔하게 볼 수 있는 게 올리브지만, 어릴 때는 그렇지 않았다. 오직 피자 도우 위에서만 볼 수 있었다. 그것도 얇게 슬라이스 된 검은색 올리브 몇 조각이 다였다. 간신히 구경만 하는, 그래서 사실 무슨 맛인지 알 수도 없는 그런 재료 말이다.

점점 외국계 대형 마트가 생기면서 외국 식재료가 들어오기 시작했다. 그때부터 올리브에 대해 내 지식도 조금씩 쌓이기 시작했다. 우선 올리브는 검은색만 있는 게 아니었다. 검은색도 있고, 녹색도 있었다. 외국인들에게는 오히려 녹색 올리브가 더 친숙한 형태였다.

둘째로 올리브 안에는 씨가 있었다! 한 번은 스페인 여행을 갔다가 노점에서 시킨 올리브를 그대로 씹다가 씨앗을 씹어서 이가 부러질 뻔한 적도 있었다. 그랬구나. 올리브에는 본래 씨앗이 있구나. 그저 빼서 판매하는 것일 뿐.

마지막으로 가장 중요한 건 역시 맛이었다. 샐러드부터 피자나 다른 요리까지 어디에 들어가도 맛있었지만, 올리브는 그 자체로 매우 맛있었다. 탱탱하게 형태를 유지하면서도 씹으면 콱하고 짭조름한 육즙이 나왔다. 먹다 보면 통조림 한 병 금세 다 먹을 수 있을 만큼 중독성 있는 맛이었다. (맥주 안주로 딱) 올리브에 빠져들기 시작한 나는, 처음으로 외국에 살고 싶어졌다. 아무리 맛있는 음식을 먹고, 멋진 풍경을 보고 와도 그랬던 적이 없던 나였는데... 스페인에서는 다양한 종류의 질 좋은 올리브를 매우 싸게 구할 수 있다는 점은 '여기 살고 싶다'라고 생각하게 만드는 요소였다.

올리브 나무의 향도 좋고, 올리브 오일도 좋고, 올리브 열매도 좋았다. 올리브라는 존재가 너무너무 좋았다. 그때부터 올리브색 (약간 노란 빛 나는 초록색)이 내가 제일 좋아하는 색이 되었고, 그 색으로 옷장을 가득 채우게 됐다.

올리브를 떠올리면 미소가 피어나고, 설레기 시작한다. 역시 올리브는 사랑이다.

올리브를 활용한 요리가 많지만, 때때로 그 자체로 먹어 보는 것을 추천합니다.
1. 아이비 과자를 구매해서, 치즈와 올리브를 함께 올려 먹어보세요.
2. 간혹 올리브가 너무 짤 수 있으니, 슬라이스 해서 먹으면 딱 좋습니다.
3. 아, 맥주나 와인을 빼먹지 말 것!

이거 만든 사람은 상 줘야 해
「 크루아상 」

"와 이거 만든 사람은 상 줘야 해!"라는 말이 나오는 음식 하나쯤 있지 않나요?

내게도 그런 음식이 하나 있다. 만든 사람을 꼭 찾아서 '상'을 주고 싶은 음식. 크루아'상'이다. 세상에 맛있는 빵은 많지만 'simple is best'라는 진리를 알려주는 건 오직 이 녀석뿐이다. 크루아상은 따뜻할 때 꼭 손으로 뜯어먹어야 한다. 그럼 빵이 치즈처럼 쭈욱 뜯어지는데, 빵이 몇 배 더 맛있어지는 기분이다.

크루아상을 먹으면 유럽에 온 기분이 들어 좋다. 따스한 크루아상을 손으로 뜯어 한입에 쏙. 첫 입을 물면, 서울에서 파리로 순간 이동을 한다. 두 입째, 따스한 빵의 온기로 마음까지 따스해진다. 세입 째, 크루아상을 만든 사람을 상상해 본다. '분명 따뜻한 분일 거야. 이렇게 맛있는 빵을 만들었으니 상을 드리는 것도 좋겠어'라고 혼잣말한다. 네 입 째, '크루아상 맛있다. 아주 맛있어!'라고 몇 번이고 반복하며 기분 좋아지는 버터 향을 음미한다. 마지막 다섯 입 째, '이 빵 만든 사람은 상 줘야 해'라는 생각이 확신이 되어 머릿속을 가득 채운다. 안 되겠다. 크루아상 만든 사람 찾아가서 상 줘야겠다. 혹시 누가 만든지 아시는 분 계신가요?

1. 요즘은 크루아상도 집에서 해 먹을 수 있게 됐습니다. 마트에 가서 '냉동 생지'를 구매해 주세요. (생지는 밀가루 반죽을 뜻해요)
2. 에어프라이어에 넣고 180도로 10분을 돌려주세요.
3. 앞 면이 빠삭빠삭 익었다면 이제 반죽을 뒤집어서 뒷면이 오도록 하고, 에어프라이어에서 5분을 더 돌려주세요.
4. 웬만한 빵집 맛 부럽지 않은 크루아상이 완성됩니다. 냠냠! (물론, 빵집 빵이 훨씬 맛있습니다)

사랑하는데 특별한 이유는 없다
「 탕수육 」

사랑하는데 특별한 이유가 필요 없다. 어렸을 때는 왜 그걸 몰랐을까?
사랑을 증명하고 싶고, 확인하고 싶어 그 이유를 묻고 또 물었다. 한참이 지나서야 우리는 아무 이유 없이 사랑에 빠지곤 한다는 걸 깨달았다.
탕수육만 전문으로 하는 가게에서 탕수육을 시켰다. 짜장면 없이도 그 자체로 훌륭하다고 말하는 자신감이 좋다. 얼마 지나지 않아 촉촉한 튀김 옷을 입은 채로 영롱하게 빛나는 소스를 대동한 탕수육이 도착했다.
탕수육을 집어 한 입 문다. 바 사 삭 소리를 내며 입안에서 녹아내린다. 사랑의 감정이 물밀듯 밀려온다. 사랑을 고백하고 싶다. 내 사랑을 여기저기 소문내고 싶다. 노란 빛을 띠는 튀김 옷과 소스에 찍었을 때 촉촉하게 변하는 꾸덕임이 좋다. 나는 그 꾸덕임과 탕수육을, 진심으로 사랑한다.
매번 먹을 때마다 내 사랑이 '찐'이라는 걸 깨닫는다. 사랑하는데 겉모습이 중요하지 않듯, 찍먹과 부먹, 찹쌀과 밀가루는 중요치 않다. 사천식, 광동식인지, 속 재료가 소고기, 돼지고기, 닭고기, 버섯인지도 중요치 않다. 탕수육은 그 자체로 사랑스러우니까.
그렇다. 사랑은 겉모습이 중요하지 않다. 사랑엔 이유가 필요하지 않다. 사랑해 마지않는 탕수육을 입속에 집어넣으며 그 사실을 다시 한 번 깨닫는다.

사랑해, 이유는 모르겠어, 그냥...사랑해. 사랑해 이 말 밖에는....

시도하는 게 두려울 땐 부엌으로 가자
「 식빵피자 」

나이가 하나둘 들어가면서, 해보고 싶은 것들을 점점 시도하기가 어려워진다. 회사에서 새로운 아이템을 제안하거나, 낯선 사람한테 먼저 대화를 걸거나, 평소에 하지 않던 걸 배워보는 일들. 혹시 실패하면 어쩌지? 하고 주저하게 된다. 이렇게 실패가 두려운 사람이 걷기는 어떻게 배우고, 자전거는 또 어떻게 타게 됐지?

화가이면서, 미술 선생님이셨던 아버지는 종종 요리를 하셨다. 오랜 자취 경험으로 익힌 밥 반찬부터 국과 찌개 요리까지, 꽤 다양했다. 직업적 특성 덕분인지 머릿속에 상상한 것을 시각화할 줄 아시는 분이었다. 어떨 때는 '이게 무슨 맛이지?' 하는 요리가 나오기도 했지만, 또 다음번에는 '이건 팔아도 되겠는데?' 하는 요리가 나오기도 했다.

가끔 일요일 저녁이면 식빵 피자를 만들어주시곤 했다. 주중에 먹고 유통기한이 임박한 식빵 위에 피자 소스, 야채, 소세지, 치즈 토핑을 올리고 전자레인지에 돌리면 끝.

재료 준비하고 만들어서 먹기까지 5분도 안 걸리는 요리. 집을 때는 '에이 뭐야 별것도 아니네'라고 하다가, 먹고 나면 그 맛이 꽤 그럴싸해서 '오~'를 부르는 맛이다. 나중에 다른 것도 해 봐야겠다는 용기를 주는 건 덤이다. 요리에 대한 부담은 확 낮춰주고, 관심은 확 올려주는 마중물 같은 요리랄까?

아직도 요리를 잘하진 못 하지만, 더는 전처럼 두려워하지는 않는다. 때로는 과감하게 새로운 요리에 도전한다. 머릿속에서 상상하던 맛을 실제로 조합해보면 가끔 꽤 괜찮은 새로운 요리가 탄생하기도 한다. 실패할까 봐 주저하게 하는 일상생활과는 정반대로 그 과정이 너무도 걱정 없이 편안해서 여유로워진다. 그 기분을 그대로 일상으로 가져오려고 노력한다. 그러면 타이트한 일상이 조금은 릴렉스해지는 기분이다.

시도하는 게 두려울 땐 부엌으로 가자. 레시피는 참고만 하고, 나만의 요리를 만들어 보자. 그곳에서 우리는 시도를 주저하지 않는 사람이 될 테니.

1. 식빵을 준비하고, 토마토소스 또는 피자소스를 얇게 펴 발라 주세요.
2. 피자 치즈를 살살 뿌려주고, 그 위에 야채나 올리브, 소세지를 올려줍니다. (양껏, 자유롭게!)
3. 전자레인지에 넣고 1분 30초 ~ 2분 정도 돌려줍니다. (너무 오래 돌리면 식빵이 퍽퍽해지니 조심하세요)
4. 띠링 소리가 나면 끝. 맛있게 드세요!

역마살을 잠재우는 요리
「 삼겹살 양배추찜 」

살다 보면 한 번쯤 역마살에 걸리는 날이 있다. 인간관계나 반복되는 일상에 지겨워졌거나, 번 아웃 때문에 어디론가 떠나고 싶어 온몸이 달아오르는 순간. 그걸 나는 역마살에 걸렸다고 말한다.
그럴 땐 인터넷에서 가고 싶은 나라의 가정식 레시피를 찾아 요리하는 게 답이다. 그 나라 식당에서 흘러나올 법한 음악을 틀어두고, 예쁜 접시와 식기를 세팅한다. 마지막으로 음식에 어울릴만한 마실 거리를 준비하면 완성이다. 그렇게 한 끼를 먹고 나면 몇 개월 동안은 다시 잠잠해진다. 프랑스를 좋아하는 아내는 일 년에 2~3번씩 파리행 역마살에 걸린다. 그런 날에는 삼겹살 양배추 찜을 만들어준다.
스물 셋 가을, 아르바이트하면서 모아둔 돈을 털어 유럽 배낭여행을 떠났다. 당시 내 영어 말하기 실력을 설명하자면, 팔다리 몸짓 발짓으로 간신히 국제 미아까지는 되지 않을 수준이었다. 항공권을 구매하고 나니 남은 돈이 얼마 없었다. 밥값이라도 아껴보려고 조식이 포함된 게스트하우스나 한인 민박을 숙소로 잡았다. 배낭여행의 첫 도시는 프랑스 파리였다. '유럽에 갔는데 에펠탑은 봐야지'라는 마음이었다. 그때는 몰랐다. 어떤 일이 펼쳐질지.

뻔한 영화 속 스토리처럼, 내가 탄 비행기는 경유지에서 연착했다. 갈아타야 할 비행기를 놓쳐서 예정보다 한참 늦게 파리에 도착했다. 문제는 프랑스 사람들이 나보다도 영어를 못한다는 사실이었다. 아무리 물어도 숙소까지 가는 길을 알 수가 없었다. 결국 15kg짜리 가방을 멘 채로 종이 지도를 펼쳐 파리 시내를 몇 바퀴나 돌고서야 숙소에 도착했다. 도착 예상 시간보다 6시간 늦은 새벽 1시였다. 스마트폰이 없던 시절에나 일어날 촌극이었다.

민박집 이모님은 오지 않는 나 때문에 덩달아 1시까지 잠도 못 주무시고 계셨다. 죄송한 마음에 안절부절못하고 있는데 "점심부터 아무것도 못 먹었겠네, 수프 먹을래요?" 라고 물으셨다. 몇 시간 동안 굶었던 나는 체면이고 뭐고 "네..!"라고 큰소리로 대답해버렸다.

곧 부엌에서 수프가 담긴 접시를 내어 오셨다. 처음에는 희멀건 국에 배추와 고기가 떠다녀서 배춧국인가 했는데, 맛이 전혀 달랐다. 약간 새콤하기도 하면서 깊은 맛이 나기도 하는 희한한 요리였다.

"이게 무슨 요리인가요?"

"양배추로 만든 프랑스 가정식 수프예요."
맛있었다. 분명 망쳤다고 생각했던 오늘 하루였는데, 이 정도면 꽤 괜찮은 하루다 라고 생각하게 만드는 맛이었다. 순식간에 국물까지 다 먹어 치웠다. "잘 먹네. 얼른 씻고 쉬어요"라고 말씀하시면서 접시를 가져가 버리시는 이모의 뒷모습을 보면서, '아 한인 민박 오길 잘했다'라고 생각했다. 아직도 생생하게 기억나는 유럽에서의 첫 기억이다.

한 달 후, 다시 현생으로 돌아온 나는 완벽하게 그 요리를 잊고 살았다. 그러다 TV에 가수 정재형이 나와서 프랑스 가정식을 만드는 걸 보게 됐다. 눈을 비비며 화면 가까이 얼굴을 가져다 댔다. 분명 그때 그 파리에서 먹었던 수프였다. 알려주는 레시피를 그대로 수첩에 옮겨적었다. 다음 날 아침 일찍 마트에 가서 재료를 샀다. 설레는 마음으로 요리했다. 프랑스에서 먹었던 그 맛이었다.

요리의 이름은 '삼겹살 양배추 찜'

그후로 아내가 프랑스를 가고 싶어할 때면 이 요리를 해준다. 그러면 몸은 서울에 있지만 잠깐 동안은 파리로 가서 가정식을 먹는 기분이 들면서 역마살이 잠잠해지는 기분이 든다.

물론 아내 의견은 어떨지 모르겠지만.

1. 냄비를 준비해주세요.
2. 양배추를 한 잎씩 깔아서 1층을 만드세요. 바로 위에 얇게 잘린 고기를 깔아서 2층을 만드세요.
3. 2층이 쌓이면 그 위에 후추와 소금을 조금씩 넣어주세요.
4. 4층 정도 쌓이면 버터를 엄지손가락 두 마디 정도 잘라서 넣어주세요.
5. 다시 2-3번을 원하는 만큼 반복하세요. (저는 총 10층 정도 만듭니다)
6. 양배추와 고기 층쌓기가 끝났으면, 화이트 와인을 1/3병 정도 부어주세요.
7. 냄비 뚜껑을 닫고, 알콜이 증발할 때까지 천천히 끓여주세요. 중간중간 간을 보면서 소금, 후추를 더 넣어보세요.
8. 고기 양에 따라 다르지만, 중불에서 15분 정도 끓이면 완성입니다. 맛있게 드세요!

실패할 수 없는 행복
「 쌩맥주 그리고 소시지 」

일요일 아침, 햇살이 커튼을 뚫고 집안에 들어와 앉았다. 얼마나 따사로운지 미세먼지 나쁨이고 뭐고, 집 밖으로 나가지 않을 수 없게 만들었다.
'그래 ,이번 주 지나면 다 떨어지고 흩어져 버릴 벚꽃을 이대로 보내줄 수는 없지'
동네 산책로를 걷기로 했다. 분명 지난주까지만 해도 최저 기온이 10도 아래였는데, 주말은 기온이 20도가 넘어간다. 옷장에서 겨울잠 자던 반바지를 꺼내 입고, 맨투맨 티셔츠를 걸쳐 입고는 집 밖으로 나섰다. 어디로 갈까 고민할 것도 없다. 우리 동네 자랑인 공트럴파크 (공릉동 경춘선 기찻길을 산책로로 만든 곳)로 향한다.
길에는 동네 사람들부터 이곳에 사는 지인을 둔 사람들, 연인들, 가족들이 모여 북새통이다. 기찻길을 따라 서 있는 벚꽃 나무 옆마다 사람들이 붙어 사진을 찍는다. 희한하다. 매년 보는 꽃인데도 사진을 찍고 싶어지니. 그 모습이 귀여운 나는, 벚꽃 대신 그 모습을 카메라에 담았다.
저기 야외 테라스를 둔 카페들이 보인다. 이런, 당연하게도 사람들이 야외 테라스가 있는 카페를 놔둘 리 없다. 눈에 보이는 카페마다 만석이다. 실내로 가야 하나 싶던 찰나 시선 끝에 닿은 코너의 맥줏집이 눈에 들어온다.
"어! 저 사람들 간다"
누가 쫓아오는 것도 아닌데 설렘 반, 걱정 반(혹시나 자리 놓칠까 봐)으로 달리듯이 가게로 들어가 자리를 앉는다. 동시에 메뉴판은 보지도 않고 주문을 한다.
"사장님, 여기 시원한 쌩맥주 두 잔이랑 소시지요!"
가게 단골도 아니요, 자주 와서 메뉴판을 외우고 있는 것도 아니다. 그냥 안다. 무엇을 시켜야 하는지. 무엇을 시켜야만 실패하지 않는 행복을 누릴지. 잠시 후, 컵 받침이 먼저 테이블 위에 스르르 깔린다. 옷이 두꺼웠는지 땀이 흐른다. 뭐, 하지만 나쁘지 않다. 다가올 맥주를 맞이하기에 더없이 좋은 도우미들이니까. 멀리서 오늘의 주인공이 천천히 느린 동작으로 다가온다. 서리가 낀 잔에 송골송골 맺은 물방울, 그리고 그 안을 채우고 있는 황금빛 물, 쌩맥주다. (생맥주가 아니다)
직원분이 잔을 내려놓고 돌아서기 무섭게 잔을 들고 건배를 외친다. 입술이 닿는 잔도 차가운데, 그 안에 들어있는 맥주가 더 차가울 때 느껴지는 시원함이란... 몇 번 들이키니 벌써 맥주잔이 바닥을 보인다.

"사장님, 여기 쌩맥주 한 잔 추가요"
잊고 있었다. 소시지를 마주할 차례다. 어릴 적 소시지가 좋아 독일에 이민을 가고 싶었다. 어른 되면 펍이 딸린 게스트 하우스를 운영하면서 낮에는 소시지를 만들고, 저녁에는 맥주와 소시지를 팔면서 축구팀 응원하며 살아야겠다는 꿈을 꿨다. 꽤 오랫동안. 그만큼이나 좋아하는 소시지가 지금 쟁반 위 접시에 고이 담겨 모락모락 김을 뿜어내며 내게로 다가온다. 귓가에 BGM이 깔린다. 데이트 매칭 여부가 결정되는 결정의 순간에 나오는 노래다.
"여기 소시지 나왔습니다."
"감사합니다."
맥주 때와 데자뷔다. 직원분이 접시를 내려놓고 돌자마자, 포크와 나이프를 들어 소시지를 썬다. 따끈한 소시지를 바로 잘라서 먹으면 육즙이 그대로 흘러내린다. 먹는 사람까지 녹여버리는 맛이다. 잽싸게 소시지를 한 입, 맥주를 한 입 먹어준다. 행복하다. 오랜만에 알코올을 넣어주니 금세 볼이 타들어가는 느낌이 든다. 하지만 싫지 않다. 눈앞에는 벚꽃이 휘날리고, 새로운 사람들이 나타나 왁자지껄 떠들며 사진을 찍는다. 야외 테이블에 앉아 소시지와 쌩맥주를 마시는 일요일 오후. 이건 정말, 실패할 수 없는 행복이다.

1. 창문이 통창이면 좋겠습니다. 아예 야외 테이블이면 더 좋고요. 그런 식당, 카페를 찾아 들어가세요.
2. 쌩맥주를 시키세요. 아쉽지만 병맥주는 안 됩니다. 상태가 안 좋았던 잇몸이 시릴 만큼 시원한 맥주여야만 합니다.
3. 소시지를 주문하세요. 걱정마세요. 소시지는 실패하지 않습니다. 물론 양이 적을 수는 있습니다.
4. 쌩맥주와 소시지가 도착했다면 맛있게 드세요! 치얼스!

어떤 요리는 타임머신이 되기도 한다
「 로만 까르보나라 」

때로 어떤 요리는 시간과 공간, 맛과 향기를 머금고 우리 머릿속에 저장되곤 한다. 그리고 그 요리를 다시 만들어 한 입 먹는 순간, 순식간에 우리를 그때 그 시공간으로 데리고 간다.
2015년 여름, 나는 스페인 산티아고 순례길 위에 있었다. 대학 생활이 끝나갈 무렵이라 앞으로 뭘 해먹고 살지, 어떻게 살아갈지 고민이 많던 시기. 철저히 혼자가 되어 나 자신과 대화를 나누면서 답을 찾아야겠다는 굳은 다짐으로 출발한 길이었다. 하지만 38~39도의 뜨거운 태양과 부대시설이라곤 20~30km마다 나오는 작은 마을이 전부인 조용한 길에서 혼자 걷는다는 건 쉽게 지치고, 지겨워지는, 고단한 일이었다.
나 역시 그랬다. 자연스럽게 길 위에서 몇 차례 마주치는 순례자들과 인사를 나누다가 대화를 텄다. 스페인의 뜨거운 태양처럼 노랗게 빛나는 금발 머리에, 새하얀 피부, 파란 눈을 가진 '조나단'은 그때 만난 친구였다. 우리는 다섯 살 나이 차이가 났지만 빠르게 친해졌다. 각자 살아온 국가도, 인종도, 피부색도 달랐지만 하고 있는 고민과 생각은 비슷했다. '어떤 사람을 만나 사랑할지', '어떤 일을 하면서 살지'같은 개인적 고민부터 경제, 사회, 인간관계까지 대화는 끝없이 이어졌다.

하루는 요리에 관해 이야기하다가 산티아고 도착 하루 전 머무는 마을에서 서로 요리를 해주기로 했다. 나는 참치 마요 덮밥과 식빵 피자를, 조나단은 로만 까르보나라를 메뉴로 정했다. 난생처음 들어보는 파스타라 상상이 안 갔지만 기대하라고 큰 소리치는 조나단을 믿어보기로 했다.

우리는 걷고 또 걸었다. 그렇게 29일이 지나 마지막 마을에 도착했다. 조나단은 베이컨, 파스타면, 달걀, 파마산 치즈, 후추와 소금만으로 금세 파스타를 만들었다. 태어나서 처음 먹어본 로만 까르보나라는 매일 30km 넘게 걸어서 지쳤던 몸과 마음을 치유해줬다. 평소 알던 까르보나라와 달리 하얀 크림이라곤 없었지만, 달걀 노른자로 코팅된 면이 베이컨과 파마산 치즈, 후추와 버무려져 크림보다 몇 배는 더 고소하고 맛있었다. 조나단은 맛있게 먹어치우고 다시 채우는 나를 바라보며 흐뭇하게 웃었다.

힘든 길을 버틸 수 있었던 건, 어쩌면 조나단이 해줄 요리에 대한 기대감 덕분일지 모르겠다. 사막 위에서 오아시스를 보며 걷는 것처럼 말이다. SNS가 있어 종종 안부를 묻지만 자주 볼 수는 없어서 아쉬운 내 친구 조나단. 그날의 식사가 지금도 생생하다. 산티아고가 그립거나 조나단이 보고 싶은 날에는 로만 까르보나라를 만들어 먹는다.

어쩌면 이미 타임머신이 있는지도 모르겠다. 요리가 그 역할을 충분히 하고 있으니까. 타임머신이 필요한 날에는 요리를 해보자. 요리가 그곳으로 우리를 데려다 줄 테니.

1. 냄비에 소금을 한 고집 넣고, 면을 넣고 끓여주세요.
2. 이제 소스를 만들어줘야겠죠. 신선한 달걀을 3개 준비해주세요. 2개는 그대로 깨서 넣어주고, 1개는 노른자만 걸러 줍니다.
3. 파마산 치즈와 후추를 달걀에 잔뜩 넣고 휘저어줍니다. 휘리릭 휘리릭
4. 이제 프라이팬에 올리브기름을 살짝 붓고, 삼겹살 또는 베이컨을 넣고 볶아주세요. 약간 빠삭해지면 더 좋습니다.
5. 삶아진 면을 프라이팬에 올리고, 볶아주세요. (Tip. 매우 중요! 불을 꺼주셔야 합니다. 프라이팬이 뜨거우면 조금 있다 올라올 달걀이 확 익어버려서 스크램블 에그처럼 됩니다)
6. 프라이팬이 적당히 식었다면 그 위에 만들어둔 소스를 넣어주세요. 달걀 물이 면에 살짝 코팅되는 형태가 되어야 합니다.
7. 다시 한 번 파마산 치즈와 후추를 잔뜩 뿌려주면 완성입니다. 맛있게 드세요!

뇌에도 휴식이 필요해
「 아포가토 아이스크림 」

점점 선택지가 늘어난다. 세상은 복잡해지고, 경제적 여유가 조금씩 생기면서 찾아온 현상이다. 많아진 선택지에 감사한 마음도 잠시, 이내 스트레스가 된다. 결정장애 증상을 겪는 순간들이 생긴다. 수많은 선택과 결정을 내려야 하는 뇌가 안쓰럽다.

오랜만에 친구를 만나 카페에 갔다. 눈앞에 50개가 넘는 메뉴가 펼쳐졌다. 오늘은 왠지 커피의 씁쓸 텁텁함도, 딸기 시럽이 잔뜩 들어간 음료가 주는 달달함도 땅기지 않는다. 뭔가 다른 게 없을까 메뉴판을 스캔하는데 메뉴 하나가 눈길을 사로잡는다.

'아포가토 아이스크림'

바닐라 아이스크림에 에스프레소 한 잔을 부어서 나오는 메뉴다. 고민할 필요 없이 주문한다. 메뉴가 나왔다. 봉긋 솟은 아이스크림에 부어진 커피가 사람 모양 레고의 머리카락 같아서 귀엽다. 귀여움은 뒤로 하고, 스푼으로 한 입 크게 떠서 먹는다. 커피의 씁쓸함과 텁텁함이 느껴지더니 끝은 아이스크림의 달달함으로 마무리된다. 그래 이거다. 맛있다.

오늘은 뇌한테 카페인도 주고, 달달한 것도 주면서 선택의 고민은 뺏어버린 좋은 날이다.
뇌한테 가끔 이런 날도 있어야지~ 암 그렇고말고.

아포가토 아이스크림은 집에서도 해 먹을 수 있으니 시도해보세요.
1. 마트에 가서 구매한 투게더 아이스크림을 한 스쿱 크게 퍼서 머그잔에 올립니다.
2. 물을 조금만 넣고, 진하게 커피를 타주세요 (커피 머신이 있다면 에스프레소 1잔이면 충분)
3. 커피를 아이스크림 위에 부어줍니다. 냉장고에 있는 아몬드가 있으면 살짝 올려주면 완성! 맛있게 드세요.

청년과 어른의 경계선에 있는 음식
「 스콘 」

살다보면 내가 경계를 넘어갔구나 하고 느끼게 해주는 순간이 있다. 스물여덟 여름, 나는 청년과 어른의 경계 어딘가에 서 있었다. 그날은 종로에 있는 한 카페에서 머리를 쥐어뜯으며 자기소개서를 쓰고 있었다. 생전 만나본 적도 없는 면접관들에게 매력을 어필해야하는 스트레스로 힘들었던 날.
스콘을 시켜 먹었다. 평소 카페에서 주로 음료만 마셨고, 혹여나 디저트를 먹더라도 조각 케이크만 먹던 나였다. 희한하게 그날은 스콘을 주문했다. 스트레스를 너무 받았나 싶지만, 아무튼 그러고 싶었다.
"와! 나 좀 어른이 된 거 같다!"
음식을 먹고 그런 말이 튀어나온 것은 난생처음이었다. 그날 이후 케이크 대신 스콘을 찾게 됐다. 지금도 스콘을 먹을 때면 '나 어른이구나'하는 기분이 든다. 쨈이나 버터를 바르지 않고 먹는 날에는 완전한 어른이 된 것 같아 뿌듯하기까지 하다.
오랜만에 혼자 카페에 와서 커피와 스콘을 시켰다. 퍽퍽한 스콘을 포크로 찍어서 한 입 가득 넣었다. 경계선을 넘어가던 그 해 여름이 떠오른다. 별 탈 없이, 슴슴한 맛이 무엇인지 아는 어른이 된 나를 칭찬해주고 싶어지는 하루다. 수고했다.

1. 예전에 누나랑 집에서 한 번 스콘을 만들어 봤습니다. 굉장히 어려웠던 기억이 납니다. 맛도 아쉬웠고요.
2. 그래서 스콘은 맛있는 빵집, 카페를 찾아가서 사 먹는 것을 강력히 추천해 드립니다. 하하

토요일 아침의 여유
「 소금빵 」

월 화 수 목 금 회사로 출퇴근하는 직장인에게 토요일 아침의 여유로움이란 한 주의 선물 아닐까.

금요일 밤에는 꼭 알람을 끄고 잠자리에 든다. 그럼에도 주일 내 기상 알람에 의해 일어나야만 했던 가엾은 내 몸뚱아리는 주말임에도 무의식적으로 출근을 준비한다. 알람이 안 울려도, 눈이 떠지는 아침. 그러면 '더 자도 돼'라고 말해주면서 이불로 스스로를 토닥토닥해준다.

한참 후, 귀를 때리던 알람의 강제적 깨움 없이 느긋하게 자다 일어나면 아주 천천히 몸을 움직인다. 창문을 열어 밤새 쌓여있던 공기를 순환시켜주고, 일주일간 쌓여있던 빨래 바구니를 들고 세탁기를 돌린다. 멍하니 소파에 앉아 괜히 집안 구석구석을 스캔한다. 초점이 맞지 않는 눈이다. 그래도 되는 날이라는 사실이 마음을 안심시켜준다. 세탁기가 돌아가며 덜컹덜컹 소리를 낸다. 빨래는 내가 하고 있을 테니 너는 얼른 나갔다 오라고 말해주는 것만 같다.

옷장 앞으로 가서 편한 옷을 집어 입고, 휴대폰만 하나 챙겨서 동네 거리를 걷는다. 휴대폰 하나로 계좌이체가 되는 세상은 가벼워서 좋다.

발걸음이 자석에 끌리듯 동네 맛집 빵집으로 향한다.

"어서 오세요"라는 직원분들의 인사를 받으며 트레이와 집게를 들고는 '그 빵' 2개를 집는다. 언제나 그랬듯 소금빵이다. 토요일 오전은 막 구워진 소금빵이 나오는 시간이다.

"비닐로 포장해 드릴까요?"라고 묻는 점원분에게 "아니요~"라고 손사래 치며, 종이봉투를 들고 집으로 향한다.

한 손으로 소금빵을 들고 먹으면서 '행복하다'고 생각한다. 집에 돌아가면 커피를 내려서 다른 소금빵과 먹어야겠다. 그렇게 생각하니 더 행복해졌다.

토요일 아침. 행복하고, 또 행복하다. 모두 소금빵 덕이다.

소금빵은 집에서도 만들어 먹을 수 있습니다. 에어프라이가 있다면 시도해 보세요!

1. 모닝빵과 버터, 굵은 소금을 준비해 주세요.
2. 그릇에 버터를 한 덩어리 듬뿍 덜어놓고, 굵은소금을 넣고 전자레인지에 돌려줍니다.
3. 모닝빵 옆구리를 칼로 서걱서걱 잘라주세요.
4. 모닝빵 옆구리에는 조각낸 버터를 넣어주고, 윗면에는 전자레인지에 돌린 버터를 얇게 펴 발라주세요.
5. 이제 모닝빵 위에 굵은소금을 한 꼬집 올려주고, 에어프라이에 넣고 돌려주시면 끝! (170도로 4-6분 정도)
6. 띠링! 조리가 끝나면 꽤나 그럴싸한 맛과 형태의 소금 빵이 나타날 거예요. 맛있게 드세요!

마치면서

하루하루는 최대한 간편하게, 영양부족으로 쓰러지지 않을 정도로만 음식을 해 먹었다. 미리 손질해둔 재료와 소스가 담긴 밀키트를 사거나, 배달 음식을 시켜 먹었다. 몸은 당연하게도 조금씩 망가져 갔다.

그렇다고 요리를 아예 하지 않았던 건 아니다. 평소 프라이팬을 안 잡던 사람도 특별한 날에는 소중한 사람을 위해 칼을 잡지 않는가. 아내를 위해서, 집에 놀러 온 가족이나 친구들을 위해 가끔은 그럴싸한 음식을 내놓곤 했다. 하지만 그뿐이었다. 집 밖에서의 나는 직장인으로 보낸 시간이 길어질수록 점점 더 진지해졌다. 내 마음을 지키기 위해서 사무적으로 변해야만 했다. 비슷한 시기를 겪었을 선배를 찾아가 고민을 털어놨다.

"선배는 어떻게 극복하셨어요?"

"그런 무게감이 나를 누른다고 느껴질 때, 나를 위해 한 끼를 차려줬어. 쌀을 깨끗이 씻어서 밥을 짓고, 먹음직스럽게 고기를 구워서 한 상 잘 차려 먹는 거야. 그럼 이상하게 마음이 편해지더라."

생각해보면 나를 위해서는 단 한 번도 정성을 담아 요리를 해본 적이 없었다. 한 끼 식사란 배를 채우기 위한 용도 그 이상도 그 이하도 아니었다. 무작정 마트에 들렀다. 싱싱해 보이는 재료를 잔뜩 사서 집으로 갔다. 유튜브와 레시피 책을 읽어가며 하나씩 요리를 해 나갔다. 온전히 나를 위한 시간이었다. 어설펐지만 재미도 있고, 혼자 힘으로 하나씩 만들어가는 과정에서 위로를 받았다. 그런 나를 지켜보던 아내가 말했다. "회사에서 먹는 점심도 그렇게 고르고 골라봐." 그때부터 빨리 배나 채우고 쉴 생각으로 대충 고르던 점심 메뉴도 특별해졌다. 가끔 세상에서 가장 소중한 손님인 '나'를 위해 맛있는 한 끼 음식을 대접해보자. 인스턴트 음식과 스트레스로 망가졌던 몸과 마음이 조금씩 나아질 것이다. 그렇게 하루 한 끼씩만큼만 나를 아껴줘 보자.